LA INMORTALIDAD HUMANA

William James

LA INMORTALIDAD HUMANA

Prólogo y traducción de Ángel Cagigas

ESPUELA DE PLATA

© Prólogo y traducción: Ángel Cagigas
© 2025. Ediciones Espuela de Plata

www.editorialrenacimiento.com
BUGANVILLA, I • 41907 VALENCINA DE LA CONCEPCIÓN (SEVILLA)
tel.: (+34) 955998232 • editorial@editorialrenacimiento.com
LIBRERÍA RENACIMIENTO S.L.

Diseño de cubierta: Equipo Renacimiento

DEPÓSITO LEGAL: SE 2142-2025 • ISBN: 978-84-19877-64-2
Impreso en España • Printed in Spain

PRÓLOGO

ENTRE LA CIENCIA Y LA VERDAD

S E suele considerar a William James como el padre de la psicología en Estados Unidos aunque también pasa por ser el último de los grandes metafísicos. Ésta es una de tantas contradicciones, algunas muy famosas, a las que tenemos que enfrentarnos al intentar comprender un espíritu tan plural como el suyo pues, por ejemplo, en ocasiones abraza el paralelismo psicofísico para decantarse por el interaccionismo en otras, o trata la mente como algo automático algunas veces mientras que otras afirma que es una porción de una conciencia superior; aunque estas contradicciones no lo son tanto si las observamos desde su teoría pragmatista según la cual la verdad depende de su utilidad en la vida real y quizás también puedan entenderse si echamos una ojeada a su biografía.

Nace en Nueva York en 1842, es el mayor de los cinco hijos del multimillonario Henry James, quien al no confiar demasiado en las escuelas estadounidenses y dada su afición a los viajes, hace que todos sus hijos estudien en los mejores colegios de Francia, Inglaterra, Alemania e Italia, según van cambiando de domicilio a través de estos países. Al acabar el bachillerato quiere ser pintor y entra como aprendiz en un estudio, pero a los pocos meses lo abandona; no se sabe cuál es la verdadera razón, se habla de la Guerra Civil, de su falta de habilidad y de un chantaje por parte de su padre. El caso es que abandona esta vocación y parece que ello le cuesta una enfermedad psicosomática que se manifiesta en depresiones, insomnio, trastornos digestivos…, y que arrastra durante diez años.

Tras dejar la pintura empieza a estudiar química pero a los dos años abandona. Tiene veintiún años y como dice un tanto jocosamente sólo ve cuatro caminos: la historia natural, la medicina, la imprenta y la mendicidad. Opta por la medicina y se orienta hacia la fisiología. Se entusiasma con Darwin pero curiosamente se enrola en una expedición al Amazonas con Agassiz, defensor de la teoría fijista que buscaba pruebas fósiles contra la teoría evolucionista; esta experiencia es desastrosa pues no le gusta el trabajo de explorador y además enferma. Retorna sus estudios médicos en Harvard pero pronto se marcha a Alemania para ahondar en la fisiología, pasa por Leipzig, Heidelberg y Berlín, pero en todos estos lugares abandona sus estudios. Vuelve a Harvard y obtiene su doctorado en medicina.

Hacia 1870 vuelve a caer enfermo agobiado por la falta de resultados de su trabajo, por creer no haber conseguido nada de provecho y por pensar en las implicaciones del reduccionismo materialista de la fisiología alemana en lo tocante al problema del libre albedrío; llega a creer que va a volverse loco, pero logra salir de esta crisis gracias a la lectura del *Segundo ensayo* de Renouvier, quien afirma la existencia de una voluntad libre al sostener que mantenemos un pensamiento en nuestra mente como fruto de una libre elección pues se podrían tener otros; el primer acto de libre voluntad de James es creer en esta voluntad libre, y así sale de su enfermedad.

En 1872 obtiene el puesto de instructor de fisiología en Harvard y piensa dedicarse a la psicología fisiológica; sus clases son un éxito y en 1875 monta un laboratorio para la docencia. Pasa unos quince años trabajando dentro del campo de la psicología y uno de sus frutos es el libro *Principios de psicología* que publica en 1890. En este tratado desarrolla toda su teoría psicológica, la cual intentaremos describir brevemente.

Su noción básica es la conciencia, enfrentándose a Wundt cree que ésta no puede estudiarse en porciones, no es una cadena, no se puede descomponer, sino que fluye, como un río, él la llama corriente de pensamiento. Desde su perspectiva evolucionista piensa que lo importante en la conciencia es su función: elegir; la mente no es una pizarra vacía sino algo que pelea por sus metas y se mezcla activamente con el mundo. Por otro lado también es cerebralista: el cerebro es condición corporal inmediata de la operación mental.

Esto puede parecer una contradicción: la máquina cerebral actúa mecánicamente pero la conciencia desempeña un papel activo. James cree que quizás las asociaciones dependan de las leyes cerebrales pero el naturalismo evolutivo exige que exista la conciencia ya que cumple una función adaptativa vital, así que la asociación ha de depender de las leyes cerebrales pero la voluntad puede dirigir las leyes asociativas de modo que sirvan a nuestros intereses, es lo que llama el libre albedrío: la voluntad dirige el pensamiento y la acción.

Distingue cuatro características en la conciencia: todo estado o pensamiento forma parte de la conciencia personal pues pertenece a la intimidad, a un aislamiento absoluto; la conciencia está en cambio constante y ningún estado de conciencia puede ser idéntico a uno anterior, aunque a pesar de ello nunca dudamos de que las sensaciones revelan siempre el mismo mundo; el pensamiento es continuo, sin ruptura, como el curso de un río, a pesar de que pueda haber interrupciones o estados de inconsciencia; la corriente de la conciencia es selectiva y elige en tanto que piensa, es lo que él denomina el arte selectivo de nuestra conciencia.

A partir de aquí James construye la teoría motora de la conciencia, según la cual los estados mentales tienen dos tipos de efectos: el pensamiento de un acto lleva directamente a su ejecución si no existe otro pensamiento que la inhiba, y los estados mentales causan cambios corporales internos que incluyen respuestas motoras encubiertas (secreciones glandulares, cambios en la tasa cardiaca, modificaciones en el tono muscular y procesos aún más sutiles).

También elabora una teoría de los instintos donde los explica como la facultad innata de actuar de modo que se produzcan ciertos fines sin previsión ni adiestramiento, todo instinto es una secuencia de reflejos determinada neuralmente que se desencadena debido a estímulos específicos y que provoca una respuesta adaptativa. Pero los instintos no son fijos ni invariables pues la experiencia los puede modificar haciendo surgir los hábitos, imprescindibles para la adaptación al medio. Desde el punto de vista fisiológico los hábitos son vías de descarga que se forman en el cerebro por las que a partir de entonces habrán de escapar ciertas corrientes aferentes: son descargas concatenadas en los centros nerviosos que movilizan una cadena de contracciones musculares en la que cada impresión ocasionada por una contracción muscular sirve como estímulo para provocar la siguiente hasta que una impresión final inhibe el proceso y cierra la cadena; así se genera un condicionamiento cenestésico. Esta capacidad de formar hábitos es fundamental para la evolución pues simplifica los movimientos, los hace más perfectos y disminuye la fatiga al automatizar acciones útiles.

Una derivación de su teoría motora es su explicación de la emoción; el proceso es el siguiente: primero hay una percepción, ésta da lugar a cambios corporales internos viscerales y musculares que llevan a la acción, y la percepción de ésta genera la emoción (vemos un oso, huimos y entonces tenemos miedo), es decir, las emociones son el resultado de cambios fisiológicos. En la época esta teoría suena totalmente ridícula frente a las creencias establecidas ancladas en el proceso causal opuesto, pero aunque recibe fuertes críticas, quizás la más demoledora sea la de Cannon, tiene el mérito de haber impulsado enormemente la investigación que hasta entonces se había reducido a estudios meramente descriptivos.

En la cumbre de su éxito tras la publicación de los *Principios*, paradójicamente a James cada vez le atrae menos la psicología y de hecho a partir de entonces prácticamente todos sus trabajos se refieren al campo de la filosofía, con textos tan importantes como *Pragmatismo* o *El sentido de la verdad*. Para desarrollar su planteamiento se basa en Mill, Darwin y Kant. Éste afirma que en lo tocante al entendimiento ha de existir un conocimiento incuestionablemente cierto, pero en cuanto a la acción reconoce que los seres humanos actúan fundándose en creencias en las que tienen mayor o menor certidumbre; la creencia es pragmática pues nunca es indudablemente cierta. James mantiene que las personas esperan que sus creencias les guíen con éxito y quien se encarga de reforzarlas o debilitarlas es la selección natural pues la verdad no es fija sino que es una creencia, es decir, un hábito, algo relacionado con la experiencia que se crea y se mantiene según su utilidad. En este sentido sostiene que las experiencias que no son cognitivas (esperanzas, miedos, amores, sentimientos religiosos) también forman parte de la realidad de una persona, y todas son verdaderas en tanto nos ayuden a establecer relaciones satisfactorias con la realidad. Este concepto de verdad puede aplicarse a cualquier conocimiento por metafísico que sea, pues el pragmatismo está dispuesto a aceptarlo todo, tanto la lógica como las experiencias místicas, si tienen consecuencias prácticas; pone a la misma altura la cabeza y el corazón a la hora de buscar la verdad pues ésta sirve a la adaptación. Se trata de una filosofía funcional, no una doctrina, no espera hallar una verdad fija pero sí promete un método para solucionar los problemas.

La psicología de la época tiende a ser demasiado experimental, demasiado «científica», y James cree que con esa metodología los logros que se puedan alcanzar son insignificantes, ésta es una de las razones para que a partir de 1892 la deje de lado, tanto que incluso llega a enfadarse cuando le presentan como psicólogo con ocasión de un doctorado honorífico en Harvard. Entonces su interés se decanta, además de por la filosofía, por los fenómenos ocultos de la mente: el espiritismo, la hipnosis, la telepatía, la escritura automática, los médiums, o el problema de la inmortalidad. A menudo se considera que James sufre una evolución hacia terrenos cada vez más místicos o filosóficos, pero estos intereses no son nuevos para él; quizás se pueda comprender mejor como un retorno a intereses siempre presentes en su trabajo que no han sido satisfechos por la rigidez de los métodos de la psicología científica, aunque éstos sí le hayan proporcionado una base para sus especulaciones. Ya de jovencito su padre le internó en los escritos científicos iluministas de Swedenborg y en los trabajos trascendentalistas de Emerson, y cuando vive en Londres, a mediados de los años cincuenta del pasado siglo, es vecino de Wilkinson, famoso estudioso de la escritura automática de los médiums. Años más tarde se hace miembro de la Sociedad de Investigación Psíquica y llega a ser su presidente en 1893. En este marco dicta numerosas conferencias sobre los sueños, el hipnotismo, la escritura automática, las posesiones diabólicas, o la degeneración, fenómenos para los que suministra una explicación similar a la de Freud o Janet; además realiza experimentos de escritura automática con sus estudiantes y publica un informe sobre la señora Piper, conocida médium de Boston cuya máxima habilidad consistía en describir el físico, las ocupaciones o los acontecimientos pasados, presentes o futuros de la vida de una persona al entrar en contacto con algún objeto que perteneciese a ésta. Todas estas investigaciones le acercan a la noción de subconsciente, que pone en relación con la enfermedad mental, y llega a utilizar la hipnosis y la escritura automática en el tratamiento de algunas pacientes.

Uno de los frutos de su trabajo en este terreno es la conferencia que se presenta a continuación. La dicta en 1898 invitado por la Fundación Ingersoll, creada en 1893 conforme a los deseos de George Goldthwait Ingersoll, y mediante un fondo donado por su hija, para establecer un ciclo de conferencias, a razón de una al año, sobre el tema de la inmortalidad humana. En 1898 James también escribe *Las variedades de la experiencia religiosa*, trabajo en el que retoma el asunto de la inmortalidad además de explicar los sentimientos religiosos desde una perspectiva pragmática, en este sentido piensa que estos sentimientos son verdaderos porque son útiles ya que nos ayudan a enfrentar situaciones difíciles; asimismo analiza las experiencias místicas definiéndolas como un trascenderse a uno mismo para entrar en contacto con un tipo de realidad superior, con lo que mantiene que el conocimiento racional no es el único posible y avala la existencia de estados mentales subyacentes a los conscientes. En *La inmortalidad humana* analiza la relación existente entre la mente y el cerebro abordando dos de las teorías explicativas: la teoría de la producción y la teoría de la transmisión, apostando por ésta última. Así considera la mente humana como una porción de una mente preexistente mayor que se filtra en este mundo a través de nuestros cerebros, y que, una vez finalizada nuestra vida, puede regresar a su fuente.

Ángel Cagigas

LA INMORTALIDAD HUMANA

PREFACIO A LA SEGUNDA EDICIÓN

T ANTOS críticos han hecho la misma objeción a la «teoría de la transmisión» de la acción cerebral que deja una puerta abierta a la inmortalidad, tal como mi conferencia sostiene, que me siento tentado, ahora que el libro va a imprimirse de nuevo, de añadir unas palabras de explicación.

Si nuestra personalidad finita de este mundo, dicen los objetores, se debe a la transmisión a través del cerebro de porciones de una conciencia preexistente mayor, todo lo que puede quedar cuando el cerebro expira es esa conciencia mayor como tal, con la cual forzosamente nos confundiríamos una vez que hubiese cesado nuestra existencia en su forma finita personal.

Pero ésta, siguen los críticos, es la idea panteísta de la inmortalidad, a saber, la supervivencia en el alma del mundo; no la idea cristiana de la inmortalidad, que significa la supervivencia en forma estrictamente personal. Al mostrar la posibilidad de una vida mental tras la muerte del cerebro, concluyen, la conferencia ha mostrado a la vez que no es posible identificarla con la vida personal, la cual es función del cerebro.

En realidad no soy en absoluto un panteísta del tipo monista; sólo en aras de la sencillez hablé en la conferencia del «mar-madre» en términos que deben de haber sonado panteístas y sugieren que lo consideraba como una unidad. Además en la página 49 añadí que futuras conferencias podrían confirmar que de ningún modo hay que lamentar la pérdida de algunas de nuestras limitaciones personales tras la muerte. Por lo tanto la interpretación de mis críticos no era de extrañar y debiera haber tenido más cuidado para evitarla.

En la nota 5 de la página 81 la evito parcialmente al decir que no es necesario concebir el «mar-madre», del que se supone que el cerebro extrae la mente finita, exclusivamente en términos panteístas. Digo que entre bastidores podría haber muchas mentes o sólo una. La verdad es que *uno puede concebir el mundo mental tras el velo en una forma tan individual como le plazca, sin detrimento para el esquema general que representa al cerebro como un órgano de transmisión.*

Si se tomara el punto de vista individualista extremo, la conciencia mundana finita de cada cual sería un extracto de su personalidad mayor más verdadera, manteniendo esta última algún tipo de realidad entre bastidores. Y –para mantener nuestra metáfora, extremadamente mecánica, que hay que confesar que no esclarece el *modus operandi* real– al transmitirla nuestro cerebro también dejaría impresiones en la parte que quedase tras el velo; pues cuando algo se desgarra ambos fragmentos sufren la operación.

Y (usando una figura muy burda) tal como cuando se extiende un cheque queda un resguardo en la chequera para registrar la transacción, así estas impresiones sobre el yo transcendente podrían constituir justificantes de las experiencias finitas cuyo mediador ha sido el cerebro; y por último podrían formar esa ingente colección de recuerdos de nuestro pasado terrestre dentro del yo mayor, que la psicología desde la época de Locke ha pretendido identificar como la permanencia de nuestra identidad personal más allá de la tumba.

Es verdad que podría parecer que todo esto tiene más semejanzas con la preexistencia y con las posibles reencarnaciones que con la noción cristiana de inmortalidad. Pero mi preocupación en la conferencia no era discutir sobre la inmortalidad en general. Se limitaba a mostrar que ésta *no es incompatible* con la teoría de nuestra conciencia mundana actual como función cerebral. Mantengo que es compatible, y compatible además en la forma completamente individualizada. El lector estaría de acuerdo con todo lo que el texto de mi conferencia pretende decir con que afirmase que toda memoria y emoción de su vida actual se preserva, y que jamás *in saecula saeculorum* dejara de poder decirse: «Soy el mismo ente personal que tuvo aquellas experiencias en la tierra en épocas pasadas».

LA INMORTALIDAD HUMANA

A LGO que desafortunadamente se ha visto en la historia con demasiada frecuencia como para que merezca mención es el hecho de que cuando un anhelo vital de la humanidad se protege y organiza oficialmente en una institución, una de las cosas que la institución hace con toda seguridad es interponerse en el camino de la gratificación natural de ese anhelo. Lo vemos en las leyes y los tribunales de justicia; lo vemos en la iglesia; lo vemos en las academias de bellas artes, en la medicina y en otras profesiones, y lo vemos incluso en las mismas universidades.

Demasiado a menudo los dirigentes de tales instituciones, cegados por la luz de los tecnicismos que pronto se convierte en la única luz en la que parecen capaces de ver su misión y por la estrechez del único camino en el que creen poder trabajar, frustran la misión espiritual para cuya consecución se les había nombrado.

Confieso que pensé en esto por un momento cuando la Corporación de nuestra Universidad me invitó la pasada primavera a dar esta conferencia Ingersoll. La inmortalidad es una de las grandes necesidades espirituales del hombre. Las iglesias se han constituido en los custodios oficiales de esta necesidad, resultando que ahora algunas incluso pretenden concederla o negarla a cada individuo mediante sus sacramentos convencionales —negarla al menos en la única forma en la que puede ser deseable—. Y ahora llega la conferencia Ingersoll. Su magnánimo fundador pensaba evidentemente que nuestra Universidad podía servir a su más preciada causa de forma más tolerante que las iglesias, porque una universidad es una corporación mucho menos agarrotada por las tradiciones y las coerciones a la hora de elegir a determinadas personas. Y sin embargo una de las primeras cosas que hace la universidad es nombrar a un hombre como el que tienen ante ustedes, y no porque sea conocido como un mensajero entusiasta de la vida futura, que ansíe dar a conocer las buenas nuevas a sus compañeros, sino al parecer porque es un cargo de la universidad.

Pensando así, al principio sentí que debía declinar el nombramiento. Todo el asunto de la vida inmortal tiene sus raíces principales en la sensibilidad personal. Tengo que confesar que mi sensibilidad personal con respecto a la inmortalidad nunca ha sido intensa y que entre los problemas que ocupan mi mente éste no tiene un lugar preeminente. Sin embargo, hay individuos con una pasión real por el asunto, hombres y mujeres para quienes la vida del más allá es un anhelo punzante y pensar en ella una obsesión; y en quienes su intenso interés ha engendrado una comprensión de las implicaciones del tema que nadie menos penetrado por su misterio puede alcanzar. Conozco a algunas de estas personas. No son cargos oficiales; no hablan como los escribas sino como investidos de una autoridad directa. Y si hay algún sitio donde debiera llamarse a un profeta vestido con pieles de cabra y no a un cargo universitario con toga, para que aportase inspiración, seguridad e instrucción sobre este tema, seguramente debería ser aquí. Lo académico no debería en manera alguna desplazar la vocación espiritual.

Y sin embargo, a pesar de estas reflexiones que no podía eludir, estoy aquí esta noche, tan mediocre y universitario como soy. Estoy seguro de que en el futuro nuestra Corporación invitará bastante a menudo para dar la conferencia Ingersoll a profetas vestidos con pieles de cabra o, hablando menos figuradamente, a seglares inspirados con mensajes emotivos sobre el tema. Mientras tanto, aunque negativo y mortecino como las observaciones del mero psicólogo profesional que soy en comparación con las lecciones vitales que ellos darán, tras una madura reflexión estoy seguro de que quienes tienen la responsabilidad de administrar la fundación Ingersoll están obligados a permitir que también tengan su oportunidad los más variados cargos universitarios. El tema es realmente grandioso. Al final de *Critical History of the Doctrine of a Future Life* [Historia crítica de la doctrina de una vida futura] del señor Alger hay una bibliografía de más de cinco mil títulos de libros en los que se trata este asunto. Nuestra Corporación no ha de pensar sólo en una conferencia aislada sino que debe pensar en una serie completa de conferencias *in futuro*. No bastará con conferencias aisladas, por inspiradas e inspiradoras que puedan ser. Las conferencias deben complementarse, para que así a partir de ellas emerja una literatura colectiva digna de la importancia del tema. Incuestionablemente esto era lo que tenía en mente el fundador. Deseaba que el asunto se estudiase en todas sus vertientes, para que al final los resultados pudiesen inclinarse armoniosamente en la buena dirección. Desde esta amplia perspectiva, la fundación Ingersoll exige una minuciosa división del trabajo. Los oradores deben tener su oportunidad, y los profetas; pero también los especialistas. Los teólogos de cualquier credo, los metafísicos, los antropólogos y los psicólogos deben alternar con los biólogos y los físicos y los investigadores de fenómenos psíquicos –incluso con los matemáticos–. Si alguno de ellos aporta desde su perspectiva un grano de verdad, éste permanecerá y se incrementará con las verdades que los otros aporten, y el suyo habrá sido un buen nombramiento.

Así que durante la hora que permanezca ante ustedes intentaré justificar mi designación ofreciendo lo que me parecen dos granos de verdad, dos puntos bien engranados, si no me equivoco, para combinarse con lo que otros conferenciantes puedan aportar.

Estos puntos se dirigen a replicar las objeciones, las dificultades que nuestra cultura moderna encuentra en la vieja idea de la vida del más allá –dificultades que estoy seguro de que roban a esta idea mucho de su viejo poder como para que crean en ella los círculos científicamente cultivados a los que pertenece esta audiencia–.

La primera de estas dificultades se refiere a la absoluta dependencia de nuestra vida espiritual, tal como la conocemos, respecto al cerebro. No sólo a los psicólogos sino a muchos legos que leen libros y revistas de divulgación científica se les oye decir: ¿cómo podemos creer en la vida del más allá cuando la Ciencia ha alcanzado a probar de una vez por todas y más allá de toda duda que nuestra vida interior es una función de ese famoso material que llamamos «sustancia gris» de nuestras circunvoluciones cerebrales? ¿Cómo podría persistir la función después de deteriorado el órgano?

Así pues parece que la psicología fisiológica es lo que supuestamente obstruye el camino de la vieja fe. Y ahora como psicólogo fisiológico les ruego que examinen la cuestión conmigo más atentamente.

Es incuestionable que la ciencia fisiológica ha llegado a la citada conclusión; y debemos confesar que al hacerlo sólo ha llevado un poco más lejos la creencia común de la humanidad. Todos sabemos que detenciones en el desarrollo del cerebro ocasionan imbecilidad, que golpes en la cabeza anulan la memoria o la conciencia, y que los estimulantes cerebrales y los tóxicos cambian la cualidad de nuestras ideas. Los anatomistas, los fisiólogos y los patólogos sólo han mostrado el hecho generalmente admitido de que existe una dependencia que debe detallarse y desmenuzarse. Lo que los laboratorios y los hospitales nos han ido enseñando últimamente no es sólo que el pensamiento en general es una de las funciones del cerebro sino que las diferentes formas específicas del pensamiento son funciones de partes específicas del cerebro. Cuando pensamos en imágenes están activas nuestras circunvoluciones occipitales; cuando son sonidos cierta parte de nuestros lóbulos temporales; cuando son palabras una de nuestras circunvoluciones frontales. El profesor Fleschig de Leipzig (a quien quizás se podría considerar como el mayor especialista en el tema) entiende que los procesos de asociación ocurren en otras circunvoluciones específicas, permitiendo que tengan lugar los procesos más abstractos de pensamiento. Si tuviese un dibujo del cerebro podría mostrarles estas regiones fácilmente[1]. Por otra parte, las asociaciones aminoradas o intensificadas de lo que este autor llama *Külpelfühlsphüre* con las demás regiones, explican según él la complejidad de nuestra vida emocional y eventualmente deciden si uno será una bestia cruel o criminal, un sentimental desequilibrado o un carácter accesible al sentimiento y sin embargo sereno. Puede que se hayan de corregir estas opiniones concretas; sin embargo, las principales posiciones elaboradas por los anatomistas, fisiólogos y patólogos del cerebro parecen tan firmemente establecidas que se enseña a la juventud de todas nuestras escuelas médicas a creer en ellas sin vacilar. La seguridad de que la observación se encargará de confirmarlas cada vez más en detalle es la inspiración de toda la investigación contemporánea. Y cualquiera de nuestros jóvenes psicólogos les dirá que sólo se puede encontrar a unos pocos escolásticos tardíos o quizás a algunos teosofistas descerebrados o a investigadores psíquicos, que se resistan y todavía hablen como si los fenómenos mentales pudiesen existir en el mundo como variables independientes.

Para los propósitos de mi argumentación deseo adoptar ahora esta doctrina general como si estuviese establecida absolutamente, sin ninguna limitación. Durante esta hora desearía que ustedes también la aceptasen como un postulado, ya la crean establecida incontrovertiblemente o no lo hagan; así les suplico que convengan conmigo hoy adhiriéndose a la gran fórmula psicofísica: *el pensamiento es una función del cerebro.*

Entonces la pregunta es: ¿esta doctrina nos exige lógicamente dejar de creer en la inmortalidad? ¿Debería forzar a todo pensador realmente consecuente a sacrificar sus esperanzas en un más allá porque cree que es su deber aceptar todas las consecuencias de una verdad científica?

La mayoría de las personas imbuidas de lo que puede llamarse puritanismo científico se sentirían obligadas a contestar afirmativamente a esta pregunta. Si cualquiera de los jóvenes científicos educados en la medicina o la psicología piensa de otra manera probablemente sea por esa incoherencia mental cuyo privilegio disfruta la mayoría de la humanidad. En un momento son científicos y en otro cristianos u hombres corrientes, con la voluntad de vivir ardiendo intensamente en su pecho; y, sujetando así los dos extremos de la cadena, descuidan la conexión intermedia. Pero el discípulo más radical e intransigente de la ciencia hace el sacrificio, y, con tristeza o sin ella, según su temperamento, se resigna a renunciar a sus esperanzas de un cielo[2].

Así pues ésta es la objeción a la inmortalidad; y mi siguiente cometido es intentar dejarles claro por qué creo que desde un punto de vista estrictamente lógico esa objeción no tiene poder disuasorio. Debo mostrarles que su consecuencia fatal no es coercitiva, como se suele imaginar; y que, aunque nuestra vida anímica (como se nos revela en este mundo) puede ser con una exactitud literal función de un cerebro que se deteriora, sin embargo en absoluto es imposible sino al contrario bastante posible que la vida pueda continuar cuando el cerebro está muerto.

La supuesta imposibilidad de su continuación proviene de una visión demasiado superficial del hecho admitido de la dependencia funcional. En el momento en que examinamos más atentamente la noción de dependencia funcional y nos preguntamos, por ejemplo, cuántos tipos de dependencia funcional puede haber, inmediatamente nos damos cuenta de que hay al menos un tipo que no excluye en absoluto la vida del más allá. La conclusión fatal del fisiólogo mana de asumir a la ligera otro tipo de dependencia funcional al que trata como el único imaginable[3].

Cuando el fisiólogo que cree que su ciencia elimina toda esperanza de inmortalidad pronuncia la frase, «el pensamiento es una función del cerebro», piensa sobre ese tema lo mismo que piensa cuando dice, «el vapor es una función de la tetera», «la luz es una función del circuito eléctrico», «la energía es una función de la cascada». En estos casos diferentes objetos materiales tienen la función de crear en su interior o engendrar sus efectos, y su función se puede denominar productiva. Lo mismo, piensa, debe suceder con el cerebro. Engendra conciencia en su interior, tal como engendra colesterina, creatina y ácido carbónico; su relación con nuestra vida anímica también ha de denominarse función productiva. Naturalmente, si tal producción es su función, entonces cuando el órgano se deteriora, ya que la producción no puede continuar, es seguro que el alma debe morir. De hecho, tal conclusión es inevitable desde esa concepción particular de los hechos[4].

Pero en el mundo físico tal función productiva no es el único tipo de función con el que estamos familiarizados. También tenemos la liberación o función permisiva; y tenemos la función de transmisión.

El gatillo de una ballesta tiene una función liberadora: suprime el obstáculo que sujeta la cuerda y permite que el arco regrese a su forma natural. Lo mismo ocurre cuando el martillo cae sobre un compuesto detonante. Al eliminar las obstrucciones moleculares internas permite que los componentes gaseosos regresen a su volumen normal y así hace que tenga lugar la explosión.

En el caso de un cristal coloreado, un prisma o una lente refractante, tenemos la función de transmisión. El cristal tamiza y limita el color de la energía de la luz, independientemente de cómo se produzca, y la lente o el prisma la fija a una trayectoria y forma determinadas. De modo similar, las teclas de un órgano sólo tienen función de transmisión. Abren sucesivamente los diferentes tubos y permiten que el aire de la caja escape por diferentes caminos. Los tonos de los diferentes tubos se constituyen al emerger las columnas de aire vibrando. Pero el órgano no engendra el aire. El órgano mismo, como se ve por su caja, es sólo un aparato que deja que porciones de aire se liberen al ambiente en estas formas limitadas peculiares.

Mi tesis es que, cuando pensamos en la ley de que el pensamiento es una función del cerebro, no estamos obligados a pensar sólo en la función productiva: *también tenemos derecho a considerar las funciones permisiva y de transmisión.* Y el común de los psicofisiólogos no las tiene en cuenta.

Supongamos, por ejemplo, que todo el universo material —los seres que pueblan la tierra y el cielo— tornase a ser un mero velo superficial de los fenómenos que ocultase el mundo de las realidades genuinas. Tal suposición no es extraña ni al sentido común ni a la filosofía. El sentido común cree en realidades tras el velo incluso demasiado supersticiosamente; y la filosofía idealista declara que todo el mundo de la experiencia natural, tal como lo percibimos, es sólo una máscara temporal que atomiza o refracta el único Pensamiento infinito, única realidad en estos millones de corrientes finitas de conciencia que conocemos como nuestros yoes privados.

La vida, como una cúpula de cristal multicolor,
colorea el blanco resplandor de la eternidad.

Ahora supongamos que esto realmente fuese así, y además supongamos que la cúpula, opaca siempre al intenso resplandor solar, pudiera en ciertos momentos y lugares hacerse más tenue y permitir que algunos rayos penetrasen en este mundo sublunar. Estos rayos serían destellos finitos, por así decirlo, de conciencia y podrían variar en cantidad y calidad según fuese el grado de opacidad. Sólo en momentos y lugares concretos parecería que, de hecho, el velo de la naturaleza pudiera atenuarse y debilitarse lo suficiente como para que ocurrieran tales efectos. Y en estos lugares de vez en cuando aparecerían destellos de la vida absoluta del universo. a pesar de ser finitos e insatisfactorios. Destellos de sentimiento, vislumbres de intuición, corrientes de pensamiento y percepción flotan en nuestro mundo finito.

Admitamos ahora que *nuestros cerebros* son lugares delgados y translúcidos en el velo. ¿Qué sucederá? Tal como el blanco resplandor entra por la cúpula, con todos los colores y distorsiones que el cristal le imprime, o así como el aire ahora pasa por mi glotis determinado y limitado en su fuerza y en la cualidad de sus vibraciones por las peculiaridades de esas cuerdas vocales que forman su puerta de salida y lo modulan en mi voz personal, así también la materia genuina de la realidad, la vida de las almas en su plenitud, irrumpirá en este mundo a través de nuestros diferentes cerebros en toda clase de formas restringidas y con todas las imperfecciones y rarezas que caracterizan nuestras individualidades finitas aquí abajo.

Según el estado en que se encuentre el cerebro, también podría suponerse que su barrera obstaculizadora se alce o decaiga. Cuando el cerebro está completamente activo puede hundirse tan abajo como para que lo inunde un aluvión de energía espiritual. En otros momentos, sólo pasan olas ocasionales de pensamiento como las que deja pasar un sueño pesado. Y cuando finalmente un cerebro detiene del todo su actividad, o se deteriora, esa corriente específica de conciencia a la que sirve desaparecerá enteramente de este mundo. Pero la esfera del ser que suministra la conciencia seguiría intacta; y en ese mundo más real, con el cual seguía en relación incluso cuando estaba aquí, la conciencia podría continuar intacta de maneras desconocidas para nosotros.

Observen que no obstante, según todas estas suposiciones, nuestra vida anímica tal como la conocemos aquí es función del cerebro en sentido estrictamente literal. El cerebro es la variable independiente, la mente varía dependiendo de él. Pero tal dependencia con respecto al cerebro en esta vida de ninguna forma hace imposible la vida inmortal —puede ser bastante compatible con la vida sobrenatural tras el velo del más allá—.

Así que creo que la consecuencia fatal no es coercitiva, la conclusión que extrae el materialismo se debe simplemente a su manera unilateral de entender la palabra 'función'. Y, nos ocupemos o no de la inmortalidad, como simples críticos que patrullan entre la estulticia de la humanidad debiéramos insistir en lo ilógico de una negación basada en ignorar terminantemente una alternativa palpable. ¡Cuánto más debiéramos insistir, como amantes de la verdad, cuando se niega una esperanza vital de la humanidad!

Así que haciendo uso de una estricta lógica nos hemos librado de las fauces del materialismo cerebral. Consecuentemente mis palabras deberían ejercer ya una función liberadora de sus esperanzas. En lo sucesivo, si desearan beneficiarse de este permiso, *podrían creer*. Pero, como éste es un argumento muy abstracto, creo que ayudará decir una o dos palabras sobre aspectos más concretos del caso.

Todas las hipótesis abstractas suenan irreales; y la noción abstracta de que nuestros cerebros son lentes coloreadas en el muro de la naturaleza, que reciben luz de la fuente suprasolar pero al mismo tiempo la matizan y restringen, suena completamente fantástica. ¿Qué es, se preguntarán, sino una absurda metáfora? ¿Y cómo imaginarse esa función? ¿No es la noción materialista habitual muchísimo más simple? ¿No es en realidad la conciencia más comparable a una especie de vapor, o perfume, o electricidad, o incandescencia nerviosa, generada en el acto en su propio recipiente peculiar? ¿No es más riguroso científicamente tratar la función del cerebro como una función productiva? La respuesta inmediata es que, si hablamos de ciencia entendida positivamente, la función no puede significar nada más que una mera variación concomitante. Cuando las actividades del cerebro cambian en un sentido, la conciencia cambia en otro; cuando la corriente atraviesa los lóbulos occipitales, la conciencia *ve* cosas; cuando atraviesa la región frontal inferior, la conciencia se *dice* cosas; cuando se para, se va a dormir, etc. En sentido estrictamente científico, sólo podemos hacer constar el mero hecho de la concomitancia; y cualquier comentario sobre la producción o la transmisión, como por ejemplo el modo en que tienen lugar, es una pura hipótesis sobreañadida, y una hipótesis metafísica además ya que no disponemos de más datos sobre una alternativa que sobre la otra. Al preguntar por algún indicio del proceso exacto de la transmisión o de la producción, la Ciencia confiesa su total falta de ideas. Hasta ahora, no tiene ni el menor atisbo de una conjetura o sugerencia –ni siquiera una mala metáfora o un juego de palabras que ofrecer–, *Ignoramus. Ignorabimus,* es lo que dirá la mayoría de los fisiólogos siguiendo las palabras de alguna de sus eminencias. La producción en el cerebro de algo como la conciencia, replicarán con el último profesor de fisiología en Berlín, es el mayor enigma del mundo –algo tan paradójico y anormal como para ser un rompecabezas de la Naturaleza y casi una contradicción–. Tenemos una idea sobre el modo en que se produce vapor en una tetera porque los elementos que cambian son homogéneos físicamente, y fácilmente podemos imaginar que no consiste en nada más que en alteraciones del movimiento molecular. Pero en la producción de conciencia por el cerebro los elementos son naturalezas enteramente heterogéneas; y hasta donde llega nuestro entendimiento es un milagro tan grande como si dijéramos que el pensamiento 'se genera espontáneamente' o 'se crea de la nada'.

Por lo tanto la teoría de la producción no es ni una pizca más simple o creíble que cualquier otra teoría concebible. Sólo es un poco más popular. Con lo cual todo lo que hay que hacer si un materialista nos desafía a explicar cómo puede el cerebro limitar y determinar en forma alguna a una conciencia producida en otra parte, es replicar con un *tu quoque*, pidiéndole que explique a su vez cómo *puede* un órgano producir conciencia a partir de la nada. Para los propósitos de la polémica, las dos teorías están a la par.

Pero si consideramos la teoría de la transmisión desde una perspectiva más amplia vemos que tiene ciertas ventajas, independientemente de su conexión con la cuestión de la inmortalidad.

Cómo verificar el proceso de transmisión es algo verdaderamente inimaginable; pero las relaciones externas, por así decirlo, del proceso refuerzan nuestra fe. En este proceso la conciencia no tiene que ser generada *de novo* en multitud de lugares. Existe ya, entre bastidores, coetánea del mundo. De esta manera la teoría de la transmisión no sólo evita milagros multiplicadores, sino que cuadra mejor con la filosofía idealista que la teoría de la producción. Siempre es bueno que la ciencia y la filosofía se pongan de acuerdo[5].

También cuadra con la concepción de un 'umbral' –palabra que desde que Fechner escribió su libro *Psychophysik* [Psicofísica] resuena en la llamada 'nueva psicología'–. Fechner imagina como condición de la conciencia un cierto tipo de movimiento psicofísico, como él lo denomina. Antes de que aparezca la conciencia, el movimiento debe alcanzar un cierto grado de actividad. Este grado requerido se llama 'umbral'; pero la altura del umbral varía bajo circunstancias diferentes: puede subir o bajar. Cuando baja, como en estados de gran lucidez, nos hacemos conscientes de cosas de las que en otros momentos seríamos inconscientes; cuando sube, como al adormecernos, la conciencia se hunde. La subida y la bajada del umbral psicofísico se ajusta exactamente a nuestra noción de una obstrucción permanente a la transmisión de la conciencia, obstrucción que en nuestros cerebros podría crecer o decrecer alternativamente[6].

La teoría de la transmisión también cuadra con todo un conjunto de experiencias que la teoría de la producción explica con dificultad. Me refiero a esos oscuros y excepcionales fenómenos mencionados en todas las épocas de la historia de la humanidad y que los 'investigadores psíquicos', con el señor Frederic Myers a la cabeza, están haciendo tanto por rehabilitar[7]; fenómenos tales como conversiones religiosas, revelaciones providenciales en respuesta a una oración, curaciones instantáneas, premoniciones, apariciones en la hora de la muerte, visiones o impresiones de clarividencia, y todo tipo de capacidades de los médiums, por no hablar de cosas todavía más excepcionales e incomprensibles. Si todo nuestro pensamiento humano fuese una función del cerebro y por supuesto si estos fenómenos fuesen hechos reales —y a mi juicio algunos lo son— entonces no podemos suponer que puedan ocurrir sin una acción cerebral preliminar. Pero la teoría común de la producción de la conciencia descansa sobre una noción peculiar de cómo *puede* ocurrir la acción cerebral —esa noción es que toda acción cerebral, sin excepción, se debe a una acción previa, inmediata o remota, de los órganos de los sentidos corporales *sobre* el cerebro—. Tal acción hace que el cerebro produzca sensaciones e imágenes mentales, y a partir de las sensaciones e imágenes se construyen a su vez las formas superiores del pensamiento y del conocimiento. Como transmisionistas, también debemos admitir esto como condición de todo nuestro pensamiento normal. La acción de los sentidos es lo que hace que caiga la barrera del cerebro. Por ejemplo, mi voz y mi aspecto están percutiendo ahora mismo en sus oídos y ojos; acto seguido su cerebro se hace más permeable y un conocimiento de lo que digo y cómo soy se desliza en este mundo desde el mundo tras el velo. Pero en los misteriosos fenómenos a los que aludo suele ser difícil ver qué papel juegan los órganos sensoriales. Por ejemplo, un médium podría mostrar un conocimiento tal de los asuntos privados de su acompañante que parece imposible que lo haya adquirido por medio de la vista o del oído o inferido a partir de ahí. O a ustedes se les podría aparecer alguien que esté muriendo a cientos de millas. Según la teoría de la producción no se comprende a partir de qué sensaciones se producen tan singulares porciones de conocimiento. Según la teoría de la transmisión no tienen que 'producirse' —existen disponibles en el mundo trascendental y todo lo que se necesita para dejarlas pasar es un descenso del umbral del cerebro—. En los casos de conversión, en las revelaciones providenciales, las curaciones mentales repentinas, etc., a los mismos sujetos interesados les parece como si un poder exterior, completamente diferente a la acción normal de los sentidos o de la mente sensorial, penetrase en su vida, como si ésta de repente accediese a esa vida mayor de la que proviene. La palabra 'influjo', usada en círculos swedenborgianos, describe esta impresión de una nueva comprensión, o una nueva voluntad, que nos barre como una marea. Tales experiencias, completamente paradójicas y sin sentido según la teoría de la producción, encuentran acomodo fácilmente según la otra teoría. Solamente necesitamos suponer la continuidad de nuestra conciencia con un mar madre, que ocasionalmente permite que algunas olas excepcionales sobrepasen un dique. Claro que las causas de estas singulares bajadas del umbral del cerebro siguen siendo un misterio.

Así pues hay que añadir esta ventaja a la teoría de la transmisión —soy muy consciente de que algunos de ustedes no la apreciarán en demasía— y también hay que añadir la ventaja de que no entra en conflicto con una vida del más allá, y espero que convendrán conmigo en que es superior en muchos aspectos a la teoría más admitida. Es una teoría que nunca ha sido totalmente abandonada en la historia de las opiniones sobre tales cuestiones, aunque nunca se haya desarrollado en profundidad. La gran tradición filosófica ortodoxa considera el cuerpo como condición esencial para la vida del alma en este mundo de los sentidos; pero tras la muerte se dice que el alma es libre y se convierte en un ser puramente intelectual y sin apetitos. Kant expresa esta idea en unos términos tremendamente similares a los de nuestra teoría de la transmisión. La muerte del cuerpo, dice, puede ser realmente el final del uso sensitivo de nuestra mente pero sólo el principio de su uso intelectual. «De este modo el cuerpo», continúa, «no sería la causa de nuestro pensamiento sino meramente su condición restrictiva y, aunque esencial para nuestra conciencia sensorial animal, se puede considerar como un obstáculo de nuestra vida espiritual pura»[8]. Y en un libro reciente muy sugestivo e intenso, menos conocido de lo que se merece —me refiero a *Riddels of the Sphinx* [Los enigmas de la esfinge] de F. C. S. Schiller de Oxford, antes de la Universidad de Cornell–, se defiende con cierta extensión la teoría de la transmisión[9].

Pero aún se preguntarán en qué manera nos ayuda esta teoría a imaginamos nuestra inmortalidad. Lo que todos deseamos conservar son justo esas restricciones individuales, precisamente esas tendencias y peculiaridades que nos definen a todos nosotros y que constituyen lo que denominamos nuestra identidad. Nuestra finitud y nuestras limitaciones parecen ser nuestra esencia personal; pero cuando los órganos finitos se desmoronen y nuestros espíritus regresen a su fuente original reasumiendo su estado de total libertad, ¿se parecerán éstos entonces a esas dulces corrientes de sentimientos que conocemos y que incluso ahora nuestros cerebros filtran de la gran reserva para nuestro goce aquí abajo? Tales preguntas son verdaderamente vitales, y seguramente deberían discutirse seriamente en futuras conferencias de la fundación Ingersoll. Por mi parte espero que más de una de tales conferencias discuta en profundidad las condiciones de nuestra inmortalidad, y nos diga cuánto perderíamos y cuánto ganaríamos si hubiésemos de cambiar nuestro contorno finito. Si toda determinación es negación, como dicen los filósofos, esto probaría que la pérdida de algunas de las determinaciones particulares que el cerebro impone no sería tan lamentable.

Pero me niego a entrar ahora en tan superiores y trascendentales asuntos; y procedo, durante el tiempo que me resta, a tratar mi segundo punto. Es tan fragmentario y negativo como lo ha sido el primero. Sin embargo entre los dos dan alas a nuestra creencia en la inmortalidad.

Mi segundo punto se refiere a que si la inmortalidad fuese cierta, según nuestra imaginación moderna, deberíamos creer que son inmortales un número increíble e intolerable de seres. No puedo sino figurarme que también esto es un rompecabezas para gran parte de mi auditorio. Y uno que me gustaría solucionar. Me imagino que es un rompecabezas de origen enteramente moderno, debido a la presión que las recientes teorías científicas y los sentimientos morales consiguientes han generado sobre la imaginación cuantitativa.

Para nuestros antepasados el mundo era algo pequeño y —en comparación con nuestra percepción moderna— acogedor. Tenía a lo sumo seis mil años. En su historia unos pocos héroes, reyes, jerarcas de la iglesia y santos seguían siendo prominentes, llenando la imaginación con sus proclamas y sus méritos de modo que no sólo ellos sino todos aquellos con quienes estuviesen emparentados resplandecían con un brillo que se suponía que incluso el Todopoderoso debía reconocer y respetar. Estos prominentes personajes y sus allegados eran el núcleo del grupo inmortal; los héroes menores y los santos de sectas menores venían después, y la gente normal formaba una especie de telón de fondo. Toda la escena de la eternidad (referida al menos de momento al Cielo y no a la región inferior) nunca se le apareció a la imaginación del creyente como un escenario abrumadoramente extenso o inconvenientemente atestado. Se podría hablar de una visión aristocrática de la inmortalidad; los inmortales –hablo exclusivamente del Cielo pues no es necesario referirnos ahora a una inmortalidad atormentada– siempre eran una élite, un número selecto y manejable.

Pero, con nuestra generación, se ha extendido sobre nuestro mundo occidental una imaginación cuantitativa enteramente nueva. Ahora la teoría de la evolución nos exige suponer una escala del tiempo, del espacio y del número mucho más amplia que nuestros antepasados jamás hubieran soñado adjudicar al proceso cósmico. La historia humana se pierde en la historia animal y se remonta posiblemente a la era terciaria. E insensiblemente ha ido surgiendo una visión democrática de la inmortalidad, en vez de la antigua visión aristocrática. Desde nuestro punto de vista, aunque en un sentido puede haberse vuelto un poco cínica, en otro se ha adecuado a la perspectiva evolucionista. Los casi irracionales hermanos prehistóricos son carne de nuestra carne y sangre de nuestra sangre. Nacieron y murieron, sufrieron y lucharon rodeados como nosotros por la inmensa oscuridad de este misterioso universo. Entregados a crímenes horrendos y a la pasión, sumidos en la más negra ignorancia, presos de supersticiones horribles y grotescas, sin embargo sirvieron resueltamente a los ideales más profundos en su firme fe de que existir es mejor que no existir, rescatando siempre triunfalmente de las mandíbulas de la siempre inminente destrucción a la antorcha de la vida, que gracias a ellos ahora ilumina el mundo para nosotros. ¡Cuán minúsculas parecen las diferencias individuales cuando rememoramos ese abrumador número de seres humanos suspirando y esforzándose bajo la presión de ese anhelo vital! ¡Y cuán insignificante debe de ser a los ojos de Dios el pequeño excedente de las virtudes individuales, sumergidas en el vasto océano de las virtudes corrientes de la humanidad, que cumple muda e impávidamente con su deber fundamental y vive heroicamente! Al contemplar este prodigioso espectáculo nos sentimos humildes y reverentes. Sentimos que no son nuestras diferencias y distinciones las que nos deben de redimir ante los ojos del Señor, sino nuestra común esencia animal de paciencia bajo el sufrimiento y esfuerzo permanente. Una inmensa compasión y un sentimiento de afinidad llenan nuestro corazón. La idea de una inmortalidad de la que estos billones de esforzados compañeros estuviesen excluidos se nos hace irracional. Que nuestra superioridad en el refinamiento personal o en el credo religioso constituya una diferencia entre nosotros y nuestros compañeros de mesa en el banquete de la vida, que entrañe una diferencia como la vida eterna para nosotros y el tormento en la otra vida o la muerte con las bestias para ellos, es una noción demasiado absurda como para considerarla seria. Es más, en toda época los brutos —los salvajes de cualquier clase— llevan una vida heroica. Y una mente moderna, expandida como lo están algunas por la emoción cósmica, por la gran visión evolucionista de la continuidad universal, vacila en dibujar la línea divisoria incluso para el hombre. ¿Si alguna criatura vive para siempre, por qué no todas?, ¿por qué no los sufridos brutos? Así que si hoy en día abrazamos la fe en la inmortalidad, ello nos exige una escala de representación tan magnífica que nuestra imaginación se rinde ante ella y rechazamos levantarnos y encarar la tarea. La idea con la que tenemos que enfrentarnos es demasiado abrumadora y, antes que afrontar esta conclusión, abandonamos la premisa de la que parte. Renunciamos a nuestra propia inmortalidad antes que admitir que todas las huestes de hotentotes y aborígenes australianos que han sido y serán han de convivir con nosotros *in saecula saeculorum*. La vida es algo bueno a una escala razonable; pero el mismo Cielo y los tiempos y espacios cósmicos se horrorizarían al pensar en preservar eternamente tal henchida plétora que los abarrotase.

Habiendo pasado yo mismo, como recipiente de la cultura científica moderna, por una experiencia subjetiva como ésta, estoy seguro de que también deben de haberla experimentado muchos, quizás la mayoría, de quienes escuchan mis palabras. Pero también he visto que esconde una tremenda falacia; y desde que la advertí mi propia mente se ha liberado otra vez y he sentido que era mi deber enseñar a mis oyentes dónde reside.

Es la falacia más obvia del mundo y maravilla que nadie la haya advertido. Es simplemente el resultado de una invencible ceguera que sufrimos, una insensibilidad para el significado íntimo de la vida ajena, y una presunción que proyectaría nuestra propia incapacidad en el vasto cosmos para medir las exigencias de lo Absoluto según nuestras propias necesidades insignificantes. Nuestros ancestros cristianos encaraban este problema más fácilmente que nosotros. Realmente a nosotros no nos son simpáticos; pero ellos sentían una verdadera antipatía hacia estas criaturas humanas extrañas, e ingenuamente suponían que a Dios también le eran antipáticas. Nuestros antepasados sentían una especie de alegría al pensar que su Creador, por ser 'paganos', los había creado como simple carburante para el fuego del infierno. Nuestra cultura nos ha humanizado pero aún no podemos concebirlos como nuestros camaradas en los campos celestes. Como se suele decir, *no sabemos qué hacer con ellos*, y nos agobia pensar en su supervivencia. Tomemos, por ejemplo, a los chinos. ¿Quién de ustedes, amigos, cree conveniente su perpetuación eterna ilimitada? Seguramente ninguno de ustedes. A lo sumo, pueden juzgar acertado guardar unos pocos especímenes elegidos que representen una interesante y peculiar variedad de la humanidad; pero en cuanto al resto, que alcanza tan incomparable número que sólo pueden imaginárselo de una forma abstracta colectiva, están seguros de que debe de ser algo cuyas unidades no pueden tener valor individual. Dios mismo, piensan, no puede saber qué hacer con ellos. La inmortalidad de cada espécimen por separado debe de ser para él y para el universo una carga tan agobiante como para ustedes. Así, sumergiendo todo el asunto en una especie de vértigo mental nauseabundo, ustedes van a la deriva, primero dudando de que la masa pueda ser inmortal, después perdiendo toda seguridad en su propia inmortalidad, que siempre han sentido y pensado que es preciosa. Estoy seguro de que ésta es la actitud de algunos de ustedes.

¿Pero no se debe tal actitud a su pobre y escasa imaginación? Vean cómo son *para ustedes* estos enjambres de parientes: una imagen externa pintada sobre su retina que representa una multitud opresiva por su inmensidad y confusión. Tal como ustedes los ven, exactamente así creen que son. No *los* necesito; luego no *son* necesarios. Pero mientras, más allá de esa externalidad a partir de la cual les percibimos, ellos se perciben a partir de la internalidad más acusada, de los estremecimientos vitales más violentos. Son ustedes quienes están muertos, más muertos que una piedra, ciegos e insensibles. Observan una escena ignorando lo que significa. Cada uno de estos grotescos e incluso repulsivos extraños está animado por una alegría de vivir interior tan ardiente o más que la que sienten latir ustedes en sus propios pechos. Sale el sol y la belleza brilla para iluminar su camino. Como dice Stevenson, ignorar de alguien su alegría interior es ignorarlo todo[10]. No hay un ser entre ese incontable tropel que no exija, y lo haga intensamente, la vida continua de la conciencia que anima la forma del ser. Que a *ustedes* ni les importe ni lo comprendan ni lo adviertan es una circunstancia completamente irrelevante. Que ustedes tengan saturado su interés no nos dice nada sobre los intereses de los demás. El universo crea a cada ser viviente con sus recursos, lo crea al mismo tiempo con una disposición hacia sí mismo y un apetito por su continuación —lo crea, si no en otro lugar, sí al menos en el corazón de ese ser—. Es absurdo suponer, simplemente porque nuestra capacidad de vibración empática con otras vidas se agote tan pronto, que en el corazón del ser infinito pueda haber algo así como una plétora o un exceso o una sobresaturación. No es como si fuese una pequeña habitación donde las mentes tuviesen que hacerse sitio y amontonarse para acomodar a los nuevos ocupantes. Cada nueva mente trae consigo su propia edición del universo, del espacio, su propia habitación para vivir; y estos espacios nunca están apiñados —el espacio de mi imaginación, por ejemplo, en modo alguno interfiere con el de ustedes–. La cantidad de conciencias posibles no parece estar gobernada por ninguna ley análoga a la de la conservación de la energía en el mundo material. Cuando un hombre se despierta o nace, otro no tiene que irse a dormir o que morir para mantener la conciencia del universo en una cantidad constante. De hecho, el profesor Wundt en su *System der Philosophie* [Sistema de filosofía] ha formulado una ley del universo que denomina la ley del incremento de la energía espiritual y que opone expresamente a la ley de la conservación de la energía física[11]. No parece haber límite formal para el incremento de los seres con respecto a lo espiritual; y ya que el ser espiritual, en todo momento, se afirma a sí mismo, se expande y anhela seguir haciéndolo, podemos decir justa y literalmente, a pesar de los defectos de nuestra empatía, que el suministro de vida individual en el universo, por inconmensurable que pueda llegar a ser, nunca podría exceder a la demanda. La demanda de ese suministro está ahí desde el momento en que a ese suministro le corresponde ser pues los seres suministrados demandan su propia continuación.

Como ven, hablo desde el punto de vista de los otros seres individuales que desarrollan su propia existencia y se alegran interiormente por ello. Si somos panteístas podemos parar aquí. En ese caso sólo necesitamos decir que a través de ellos, como a través de otros tantos canales de expresión diferentes, el Espíritu eterno del Universo afirma y desarrolla su propia vida infinita. Pero si somos teístas, podemos ir más allá sin alterar el resultado. Así pues, podemos decir que Dios posee una capacidad de amar tan inagotable que requiere y necesita una inacabable acumulación de vidas. Nunca puede cansarse o hastiarse, como lo haríamos nosotros, bajo ese suministro incesante. Su escala es infinita para todas las cosas. Su benevolencia no conoce la saciedad ni el exceso. Espero que convengan conmigo en que el fastidio de un Cielo superpoblado es una idea puramente subjetiva e ilusoria, un signo de la incapacidad humana, un residuo de la falta de sentimientos del antiguo credo aristocrático. «Reverencia al Hacedor, alza tus ojos a sus formas y maneras celestiales», y creerás de verdad que éste es un universo democrático en el que tus miserables exclusiones no juegan ningún papel. ¿Se te ha consultado para poblar este globo? Así pues, ¿cómo ha de consultársete para poblar la vasta Ciudad de Dios? Déjanos callar, como Job, y dar gracias por que en nuestra insignificancia nosotros estemos aquí. Podemos estar seguros de que el Dios que nos sufre puede sufrir otras rarezas y singularidades.

Así pues, por mi parte y hasta donde llega la lógica, estoy dispuesto a que cada hoja que crezca en el bosque del mundo y mueva la brisa sea inmortal. Es una pura cuestión objetiva: ¿son las hojas así? La cantidad abstracta y lo que se nos aparece como una innecesariedad abstracta de tanta reduplicación de cosas tan semejantes no tienen que ver con el asunto. Pues nuestro modo finito de pensar trabaja exclusivamente con el tamaño, el número y la semejanza genérica; y considerada en sí misma independientemente de nuestra imaginación, desde el momento en que se otorga a un universo la libertad de ser en lugar de la Inexistencia que podría haber reinado, una escala espacial y numérica para el Universo no es menos milagrosa o inconcebible que otra.

El corazón del ser no puede tener exclusiones semejantes a las que establece nuestro pobre y pequeño corazón. El significado interno de otras vidas excede todas nuestras capacidades de empatía y comprensión. Si sentir el significado de nuestra propia vida nos conduce espontáneamente a exigir su perpetuidad, seamos al menos tolerantes con las exigencias de otras vidas, a pesar de lo numerosas o imperfectas que nos puedan parecer. De ningún modo desestimamos nuestra exigencia, cuyos fundamentos sentimos directamente, porque no podamos admitir las exigencias extrañas, cuyos fundamentos no sentimos en absoluto. Eso sería dejar que la ceguera imperase sobre la visión.

NOTAS

NOTA 1

FLESCHIG interpreta como centros intelectuales los espacios entre los centros identificados como motores y sensoriales –espacios que en el hombre constituyen dos tercios de la superficie de los hemisferios–. [Ver su *Gehirn und Seele* (Cerebro y alma), 2ª ed., 1896, p. 23]. Considera que tienen un tipo común de estructura microscópica; y las fibras que los conectan tardan en completar su recubrimiento medular un mes más que las fibras que conectan con otros centros. Cuando hay trastornos son el punto de partida de lo que técnicamente llamamos demencias. Wernicke ya ha definido la demencia como un trastorno del órgano asociativo, sin pretender circunscribir definitivamente éste –ver su *Grundriss der Psychiatrie* [Compendio de psiquiatría], 1894, p. 7–. Fleschig llega a decir que encuentra una diferencia sintomática en los paralíticos generales según se hayan trastornado sus centros asociativos frontales u otros más posteriores. Cuando son los centros frontales la conciencia del yo del paciente está más desquiciada que su percepción de las relaciones puramente objetivas. Cuando se resienten las regiones asociativas posteriores se suele desintegrar el sistema de ideas objetivas del paciente (loc. cit., pp. 89-91). Fleschig piensa que en los roedores no existen en absoluto centros asociativos –los centros sensoriales están en contacto unos con otros–. En los carnívoros y los monos inferiores, los centros posteriores todavía exceden en volumen a los centros asociativos. Sólo en los simios catarrinos se empieza a encontrar algo parecido al tipo humano (p. 84).

En su pequeño opúsculo *Die Grenzen geistiger Gesundheit und Krankheit* [Los límites entre la salud y la enfermedad mental], Leipzig, 1896, Fleschig adscribe la insensibilidad moral establecida en algunos criminales a una disminución de la sensibilidad interna al dolor debida a la degeneración de la 'Kórperfühlsphäre', esa extensa región anterior a la que Munk dio nombre y en la que coloca la sede de todas las emociones y de la conciencia del yo [*Gehirn und Seele* (Cerebro y alma), pp. 62-68; *Die Grenzen*...(Los límites...), pp. 31-39, 48]. –Aporto estas referencias de Fleschig en aras de la concreción, no porque su perspectiva sea incontrovertible–.

NOTA 2

Esta conclusión está tan extendida en los círculos positivistas, se expresa tan frecuentemente en la conversación y se insinúa tan a menudo en los escritos, que confieso mi gran sorpresa cuando empecé a buscar en la literatura un pasaje que negase explícitamente la inmortalidad desde una base fisiológica y que pudiese citar para hacer más concreto mi texto. Fui incapaz de encontrar nada lo bastante terminante y claro como para que me pudiese servir. Miré en todos los libros que se me ocurrió, sin éxito; y pregunté en vano a varios colegas psicólogos. Y sin embargo estaría dispuesto a jurar que en la última década he leído varios pasajes de lo más categórico. Probablemente es una falsa impresión, con la que sucede como con muchas otras. La atmósfera está llena; muchas páginas de un escritor presuponen algo y lo mantienen; sin embargo si se quiere mencionar a un estudiante una afirmación explícita y radical que pueda emplear como un texto para comentar, no se encuentra casi nada. En el presente caso había multitud de pasajes en los que, de forma general, se consideraba la mente concomitante con la función cerebral, pero apenas uno en el que el autor negase explícitamente la posibilidad de la inmortalidad. Quizás el mejor que he encontrado sea este: «No solamente la conciencia sino todo el torbellino de la vida dependen de funciones que se apagan como una llama cuando se interrumpe su alimento... Los fenómenos de la conciencia corresponden, elemento por elemento, a operaciones de partes específicas del cerebro... La destrucción de cualquier pieza del aparato implica la pérdida de alguna de las operaciones vitales; y la consecuencia es que, hasta donde se extiende la vida, sólo tenemos ante nosotros una función orgánica, no una *Ding-an-sich*, ni una expresión de esa entidad imaginaria que es el alma. Esta proposición fundamental... acarrea la negación de la inmortalidad del alma, pues, si no existe alma, no se puede discutir sobre su mortalidad o inmortalidad... La función dura un tiempo, –la llama ilumina y así agota todo su ser–. Eso es todo; y en verdad es bastante... La sensación tiene sus condiciones orgánicas definidas, y, así como éstas decaen con la decadencia natural de la vida, es totalmente imposible para una mente acostumbrada a tratar con realidades creer que sobrevive ninguna capacidad sensorial cuando la maquinaria de nuestra existencia natural se ha parado». [E. Duhring: *Der Werth des Lebens* (El valor de la vida), 3ª ed., pp. 48, 168].

NOTA 3

EL lector instruido filosóficamente advertirá que en todo momento me he situado en la perspectiva dualista habitual de la ciencia natural y del sentido común. Desde esta perspectiva los hechos mentales, como por ejemplo los sentimientos, están hechos de un tipo de materia o sustancia, y los hechos psíquicos de otra. Un fenomenalismo absoluto, que no crea en un dualismo fundamental, posiblemente pueda acabar resolviendo algunos de los problemas que resultan insolubles cuando se encaran en términos dualistas. Mientras tanto, ya que la objeción fisiológica a la inmortalidad ha surgido del plano dualista habitual del pensamiento y ya que el fenomenalismo absoluto aún no ha dicho nada lo suficientemente articulado sobre el tema, es adecuado que mi réplica a la objeción se exprese en términos dualistas –quedando libre, naturalmente, para intentar en una ocasión posterior, si lo deseo, trascenderlos y usar categorías diferentes—.

Desde la posición dualista, realmente no se pueden ver más que dos tipos diferentes de dependencia de nuestra mente con respecto a nuestro cerebro: así

1. el cerebro produce en el ser la materia de la conciencia que forma nuestra mente; o bien,
2. la conciencia preexiste como una entidad y los diferentes cerebros le dan sus diferentes formas específicas.

Si la suposición 2 es la verdadera y la materia de la mente preexiste, hay, de nuevo, sólo dos maneras de concebir cómo le confiere nuestro cerebro la forma específicamente humana. Puede existir

a. en partículas diseminadas; y entonces nuestros cerebros son órganos de concentración, órganos para combinarlas y almacenarlas en mentes de forma personal. O puede existir
b. en unidades más amplias ('alma-mundo' absoluto, o algo más pequeño); y entonces nuestros cerebros son órganos para separarlas en partes y darles una forma finita.

Por consiguiente no hay más que tres teorías posibles de la función del cerebro. Podemos denominarlas, respectivamente,

1. la teoría de la producción;
2a. la teoría de la combinación;
2b. la teoría de la separación.

En el texto de la conferencia se defiende la teoría 2b (designada más concretamente como la teoría de la transmisión) contra la teoría número 1. La teoría 2a, también conocida como la teoría del polvo mental o de la materia mental, se deja enteramente de lado por falta de tiempo. También la dejo sin comentar en estas notas al haberla considerado ya, hasta donde parece exigirlo lo publicado sobre ello, en mi trabajo *The Principies of Psychology* [Principios de psicología], New York, Holt & Co., 1892, capítulo 6. No obstante, puedo decir aquí que el profesor W. K. Clifford, uno de los campeones más competentes de la teoría de la combinación e inventor del útil término 'materia mental', considera que la teoría es incompatible con la inmortalidad individual, y en su reseña del libro de Stewart y Tait, *The Unseen Universe* [El universo invisible], lo expresa así:

«Las leyes que relacionan la conciencia con cambios en el cerebro son muy definidas y precisas, y no se pueden evadir sus consecuencias necesarias... La conciencia es algo complejo compuesto de elementos, una corriente de sensaciones. La acción del cerebro también es algo complejo compuesto de elementos, una corriente de mensajes nerviosos. Por cada sensación que hay en la conciencia al mismo tiempo hay un mensaje nervioso en el cerebro... La conciencia no es algo simple sino un complejo; es la combinación de sensaciones en una corriente. Existe al mismo tiempo que la combinación de mensajes nerviosos en una corriente. Si la sensación individual siempre va con el mensaje nervioso individual, si la combinación o corriente de sensaciones siempre va con la corriente de mensajes nerviosos, ¿no se deduce de ello que cuando la corriente de mensajes nerviosos se detenga también se detendrá la corriente de sensaciones, dejando de constituir una conciencia? ¿No se deduce de ello que cuando los mensajes se detengan, las sensaciones individuales se disolverán en elementos aún más simples? La fuerza de esta evidencia no se debilitará por el número de cuerpos espirituales. Hechos inexorables conectan nuestra conciencia con este cuerpo que conocemos; y no simplemente como un todo sino que sus partes están conectadas respectivamente con partes de nuestra acción cerebral. Si hay alguna conexión similar con algún cuerpo espiritual, de eso sólo resulta que el cuerpo espiritual debe morir a la vez que el natural». [*Lectures and Essays* (Conferencias y ensayos), vol. I, pp. 247-249. Ver también pasajes de similar intención en vol. II, pp. 65-70]

NOTA 4

La teoría de la producción, o teoría materialista, rara vez se formula claramente. Quizás el siguiente pasaje de Cabanis sea el más explícito que se pueda encontrar:

«Para adquirir una idea apropiada de las operaciones de las que resulta el pensamiento debemos considerar el cerebro como un órgano particular destinado específicamente a producirlo; como el estómago y los intestinos están destinados a la digestión, el hígado a filtrar la bilis o las glándulas parótida y maxilar a preparar los jugos salivares. Cuando las impresiones llegan al cerebro lo obligan a activarse; tal y como las sustancias alimenticias al caer en el estómago lo excitan para que segregue jugos gástricos más abundantemente y se mueva para hacerlas solubles. La función correspondiente al primer órgano es recibir [*percevoir*] cada impresión particular, asignarle un símbolo, combinar las diferentes impresiones, comparar unas con otras, extraer de ellas juicios y decisiones; tal y como la función del otro órgano es actuar sobre las sustancias nutritivas cuya presencia le excita, disolverlas y asimilar sus jugos para nuestra naturaleza.

¿Dicen que los movimientos orgánicos por los que el cerebro ejerce estas funciones son desconocidos? Contesto que también se oculta a nuestro escrutinio la acción por la que los nervios del estómago determinan las diferentes operaciones que constituyen la digestión y la manera en que confieren un poder disolvente tan activo a los jugos gástricos. Vemos la comida transformarse en algo viscoso con sus propias cualidades características, la vemos emerger con nuevas cualidades, e inferimos que el estómago es realmente el autor de esta alteración. De forma similar vemos que las impresiones llegan al cerebro por intermedio de los nervios; entonces ellas están aisladas, incoherentes. Lo viscoso empieza a actuar; actúa sobre ellas y pronto las remite [*renvoie*] metamorfoseadas en ideas a las que el lenguaje de la fisionomía o del gesto, o los signos del habla y la escritura, confieren expresión externa. Concluimos pues, con igual certidumbre, que el cerebro es como si digiriera las impresiones, como si formase orgánicamente la secreción del pensamiento». [*Rapports du Phy-*

sique et du Moral (Relaciones entre la física y la moral), 8ª ed., 1844, p. 137].

Cualquier plausabilidad que parezca tener lo anteriormente citado se debe a la ambigüedad de la palabra 'impresión'. Formas más recientes de la teoría de la producción han mostrado una tendencia a asemejar el pensamiento a una 'fuerza' que ejerce el cerebro, o a un 'estado' por el que pasa. Herbert Spencer, por ejemplo, escribe:

«La ley de la metamorfosis que se mantiene entre las fuerzas físicas, se mantiene también entre ellas y las fuerzas mentales... Cómo tiene lugar esta metamorfosis; cómo una fuerza que existe como movimiento, calor o luz puede convertirse en un modo de conciencia; cómo es posible que las vibraciones del aire generen la sensación que llamamos sonido, o que las fuerzas liberadas por cambios químicos en el cerebro susciten la emoción, –estos son misterios imposibles de desentrañar–. Pero no son misterios más profundos que las transformaciones de las fuerzas físicas». [*First Principies* (Primeros principios), 2ª ed., p. 217].

Asimismo Büchner dice: «Se debe considerar el pensamiento como un modo especial del movimiento natural general, que es tan característico de la sustancia de los elementos del sistema nervioso central como el movimiento de contracción lo es de la sustancia nerviosa, o el movimiento de la luz lo es del éter universal... Que pensar es y debe ser un modo de movimiento no es sólo un postulado lógico, sino una proposición que ha sido demostrada de forma experimental recientemente... Varios ingeniosos experimentos han probado que el pensamiento más rápido que seamos capaces de producir emplea al menos una octava o una décima parte de segundo». [*Force and Matter* (Fuerza y materia), Nueva York, 1891, p. 241].

El calor y la luz son modos de movimiento, 'fosforescencia' e 'incandescencia' son fenómenos con los que la teoría de la producción ha comparado a la conciencia: «Tal como se ve una barra metálica, puesta en un horno al rojo, calentarse gradualmente, y —como las ondulaciones del calor crecen cada vez más— pasar sucesivamente de un tono rojo claro a uno rojo oscuro (sic), y a uno blanco, y a medida que sube la temperatura desarrolla calor y luz, así en presencia de determinados estímulos se exalta progresivamente la sensibilidad interior en las células sensitivas, entran en una fase de eretismo, y cuando se llega a cierto nivel de vibraciones se libera (dégagent) el dolor como expresión fisiológica de esta misma sensibilidad recalentada hasta el rojo blanco». [J. Luys: *Le Cerveau* (El cerebro), p. 91].

En una línea similar el señor Percival Lowell escribe: «Cuando tenemos lo que llamamos una idea, lo que sucede en nuestro interior probablemente sea algo como esto: la corriente neural del cambio molecular pasa por los nervios y a través de los ganglios llega por fin a las células corticales... Cuando llega a las células corticales encuentra un conjunto de moléculas que no están tan acostumbradas a este cambio específico. La corriente encuentra resistencia y al superar esta resistencia hace que las células resplandezcan. A este calentamiento de las células hasta el blanco lo llamamos conciencia. En resumidas cuentas, la conciencia es una incandescencia nerviosa». [*Occult Japan (Japón oculto)*, Boston, 1895, p. 311].

NOTA 5

LA teoría de la transmisión se relaciona de forma natural con toda esa tendencia de pensamiento conocida
como trascendentalismo. Emerson, por ejemplo, escribe: «Yacemos en el regazo de una inmensa inteligencia
que nos hace receptores de su verdad y órganos de su
actividad. Cuando percibimos la justicia, cuando percibimos la verdad, nosotros mismos no hacemos nada
sino permitir que nos atraviesen sus rayos». [*Self-Relian-
ce* (Autoconfianza), p. 56]. Pero no es necesario identificar la conciencia postulada en la conferencia como
preexistente entre bastidores, con la Mente Absoluta
del idealismo trascendental, aunque en verdad aque-
lla noción podría llevarnos en esa dirección. La Mente
Absoluta del idealismo trascendental es una Unidad
íntegra, una única Mente Mundo. No obstante, para
los objetivos de mi conferencia podría haber muchas

mentes entre bastidores tanto como una. Todo lo que la teoría de la transmisión requiere es que trasciendan *nuestras* mentes —y así provengan de *algo* mental que preexiste y es más amplio que ellas—.

NOTA 6

La concepción de Fechner de un 'umbral psicofísico', muy relacionada con su 'esquema de la onda' es poco conocida para los lectores anglosajones. Así pues la adjunto condensada en sus propias palabras:

«La unidad psíquica está conectada con la multiplicidad física; la multiplicidad física se contrae psíquicamente en una unidad, algo simple, o al menos algo más simple. Expresado de otra forma: la unidad singular psíquica es la resultante de una multiplicidad física; la multiplicidad física da resultados unificados o simples...

Los hechos que se agrupan bajo estas frases, y que les dan sentido, son los siguientes: ... Pensamos de forma unificada con nuestros dos hemisferios; vemos de forma *unificada* con partes idénticas de nuestras dos retinas... Nuestra sensación luminosa o sonora más simple está relacionada con procesos que, como se han iniciado y se mantienen por oscilaciones externas, deben ser de algún modo de naturaleza oscilatoria, aunque no nos damos cuenta de sus diferentes fases y oscilaciones...

Así pues es cierto que algunas resultantes psíquicas unificadas o simples dependen de la multiplicidad física. Pero, por otro lado, también es cierto que las multiplicidades del mundo físico no siempre se combinan en una resultante psíquica simple —ni siquiera cuando componen un sistema corporal individual—. Con todo, que puedan combinarse en una resultante unificada es algo opinable, ya que uno siempre es libre de preguntarse si el mundo entero no puede tener alguna resultante psíquica unificada. Pero de tal resultante al menos nosotros no tenemos conciencia...

En aras de la brevedad, nos permitimos distinguir entre *continuidad y discontinuidad* psicofísicas. Digamos que la continuidad se sitúa allá donde la multiplicidad física da una resultante psíquica unificada o simple; la discontinuidad allá donde se da una multiplicidad distinguible de tales resultantes. No obstante, puesto que, dentro de la unidad de una conciencia o fenómeno de conciencia más general, aún puede haber una multiplicidad distinguible, la continuidad de una conciencia más general no excluye la discontinuidad de los fenómenos particulares.

Uno de los problemas y de las tareas más importantes de la psicofísica es determinar las condiciones (*Gesichtspunkte*) bajo las que acontecen los casos de continuidad y discontinuidad. Si organismos diferentes tienen conciencias separadas aunque sus cuerpos estén tan unidos por la Naturaleza como lo están las partes de un organismo individual, ¿cómo es que éstas dan una resultante consciente individual? Naturalmente podemos decir que la unión es más íntima entre las partes de un organismo que entre los organismos de la Naturaleza. ¿Pero qué queremos decir con una unión más íntima? ¿Puede depender un resultado absolutamente diferente de algo tan relativo? ¿Y no presenta la Naturaleza en su conjunto una unión tan estricta como la de cualquier organismo –unión incluso más indisoluble–? Y surgen las mismas preguntas para todo organismo. ¿Cómo es que, con diferentes fibras nerviosas para el tacto y la vista, distinguimos diferentes puntos espaciales, pero con una fibra no distinguimos nada, aunque las diferentes fibras estén conectadas en el cerebro tanto como lo están las partes en la fibra individual? Podemos decir que esta última conexión es más íntima pero entonces surgirá otra vez la misma pregunta.

Incuestionablemente no se puede responder *claramente* a este problema que se le presenta a la psicofísica; pero podemos establecer un punto de vista general para tratarlo, consecuente con lo que expusimos en un capítulo anterior sobre las relaciones de los fenómenos de la conciencia más generales con los más particulares.

[El pasaje al que se refiere es el siguiente] El principio esencial es que la actividad psicofísica humana debe exceder una cierta intensidad para que seamos conscientes de estar despiertos, y que durante el estado de vigilia cualquier especificación particular de la actividad mencionada (sea espontánea o debida a la estimulación) que sea capaz de ocasionar una especificación particular de la conciencia, debe exceder a su vez un grado de intensidad mayor para que surja la conciencia actual...

Este estado de cosas (en sí mismo un simple hecho que no necesita mayor descripción) se puede aclarar y explicar de forma más concisa con una imagen o esquema. Imaginemos que toda la actividad psicofísica humana fuese una onda, y el grado de su actividad se simbolizase con la altura de la onda sobre la línea o superficie basal, a la que todo punto activo psicofísicamente contribuye con una ordenada... Toda la forma y evolución de la conciencia dependerá de las subidas y bajadas de esta onda; la intensidad de la conciencia en cualquier momento dependerá de la altura de la onda en ese momento; y la altura siempre debe exceder *en algún sitio* un cierto límite, al que denominamos *umbral*, para que exista la conciencia despierta.

Permítasenos llamar a esta onda descrita la *onda total* y al umbral en cuestión el *umbral absoluto*.

[Ya que nuestros diferentes estados de conciencia se repiten en periodos cortos o largos], podemos representar un periodo largo como una condición fluctuante lenta de nuestra vigilia y la dirección general de nuestra atención como una onda cuya cresta cambia lentamente de lugar. Si a esto lo llamamos la *infraonda*, entonces los movimientos del periodo más corto, del que dependen nuestros estados de conciencia más específicos, se pueden simbolizar con pequeñas ondas superpuestas sobre la infraonda, y podemos llamarlas *supraondas*. Causarán toda clase de modificaciones en la superficie de la infraonda, y la onda total será la resultante de ambos tipos de ondas.

Cuanto mayor sea la fuerza de los movimientos del periodo corto, la amplitud de las oscilaciones de la actividad psicofísica, más altas serán las crestas de las ondas que las representan, y más se hundirán sus valles bajo la superficie de las infraondas. Y estas elevaciones y depresiones deben exceder un cierto límite de cantidad que podemos denominar *umbral inferior*, antes de que el estado mental específico que correlaciona con ellas pueda aparecer en la conciencia.

En tanto simbolizamos cualquier sistema de actividad psicofísica, al que corresponde una conciencia unificada o principal, por la imagen de una onda total que se alza con su cresta sobre un cierto 'umbral', tenemos una forma de esquematizar en un sencillo diagrama la solidaridad física de todos estos sistemas psicofísicos presentes en la Naturaleza, junto con su discontinuidad psicofísica. Para ello sólo necesitamos dibujar todas las ondas tal como se entrecruzan bajo el umbral, mientras por encima aparecen visibles, como en la figura inferior.

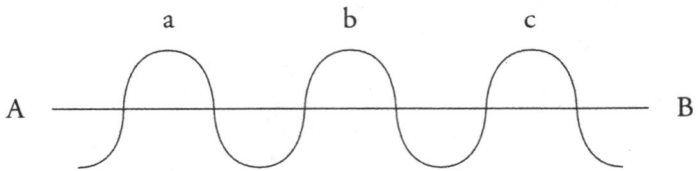

En esta figura a, b, c representan tres organismos, o más bien las ondas totales de la actividad psicofísica de tres organismos, mientras que A B representa el umbral. En cada onda, la parte que se alza sobre el umbral es algo integral conectado con una conciencia individual. Todo lo que queda bajo el umbral, que es inconsciente, separa las crestas conscientes, aunque sigue siendo el medio de conexión física.

En términos generales: donde hay una onda psicofísica total continua sobre el umbral, encontramos la unidad o identidad de una conciencia puesto que la conexión de los fenómenos psíquicos que corresponden a las partes de la onda también aparece en la conciencia. Por el contrario, donde las ondas totales son inconexas, o se conectan sólo por debajo del umbral, la conciencia correspondiente se quiebra y no hay conexión entre sus partes. Más brevemente: la conciencia es continua o discontinua, unificada o discreta, según las ondas psicofísicas totales subyacentes sean continuas o discontinuas sobre el umbral...

Si en el diagrama subiésemos toda la línea de ondas de manera que no sólo las crestas sino también los valles apareciesen sobre el umbral, entonces éstos aparecerían más tarde sólo como depresiones en una enorme onda continua sobre el umbral y la discontinuidad de la conciencia se convertiría en continuidad. Naturalmente no podemos provocar esto. También podríamos comprimir la onda de manera que los valles estuviesen apretados y las crestas sobre el umbral fluyesen en una línea; así los organismos de sentimientos discretos se convertirían en un organismo de sentimiento único. Esto tampoco lo puede producir voluntariamente el hombre pero se produce en la naturaleza del hombre. Sus dos mitades, la derecha y la izquierda, están unidas de este modo; y el número de segmentos de radiados y articulados muestra que de este modo pueden estar unidas psicofísicamente más de dos partes. Sólo se necesita separarlas, esto es, interpolar otra parte de la naturaleza entre ellas bajo el umbral, y se separan en dos seres conscientes...» [*Elemente der Psychophysik* (Elementos de psicofísica), 1860, vol. II, pp. 526-530].

En el esquema de la onda de Fechner, se ve fácilmente cómo se puede imaginar un alma mundo. Si toda la actividad psicofísica fuese continua 'por debajo del umbral', la conciencia podría hacerse continua si el umbral se hundiese lo suficiente como para dejar al descubierto todas las ondas. No obstante, el umbral presente en la naturaleza en general es muy alto, por lo que la conciencia emergente es de la forma discontinua.

NOTA 7

VER la larga serie de artículos del señor Myers en *Proceedings of the Society for Psychical Research*, que empieza en el tercer volumen con la escritura automática y acaba en el último volumen con las más elevadas manifestaciones de conocimiento de los médiums. La teoría del señor Myers para toda esta gama de fenómenos es que nuestra conciencia normal está en continua conexión con una conciencia mayor cuya extensión no conocemos, y a la que, en relación con el individuo, da el poco afortunado nombre –tampoco se ha propuesto otro mejor– de su yo 'subliminal'.

NOTA 8

VER *Kritik der reinen Vernunft* [Crítica de la razón pura], 2ª edición, p. 809.

NOTA 9

ADJUNTO algunos extractos de la obra del señor Schiller: «La Materia es una maquinaria calculada admirablemente para regular, limitar y contener la conciencia que encierra… Si el material encerrado es burdo y simple, como en los organismos inferiores, sólo permite que lo penetre una pequeña inteligencia; si es delicado y complejo deja más poros y salidas para las manifestaciones de la conciencia… Así pues, según esta analogía, podemos decir que los animales inferiores aún permanecen en el estadio inferior de *letargia* bruta, mientras que nosotros hemos pasado a la fase superior de *sonambulismo*, que ya nos permite extraños vislumbres de una lucidez que adivina las realidades del mundo trascendente. Y esto suministra la respuesta final al materialismo: consiste en demostrar en detalle… que el materialismo es un *histeron proteron*, un intento de poner el carro antes que el caballo, que se puede rectificar invirtiendo la conexión entre la Materia y la Conciencia. La Materia no es lo que *produce* Conciencia sino lo que la *limita*, y confina su intensidad dentro de ciertos límites: la organización material no construye conciencia fuera de la disposición de los átomos sino que restringe su manifestación dentro de la esfera que la permite. Esta explicación... admite la conexión entre la Materia y la Conciencia, pero sostiene que el curso de la interpretación debe avanzar en sentido contrario. Así cuadra muy bien con los hechos alegados en favor del materialismo, además de permitirnos comprender los hechos que el materialismo rechaza como 'sobrenaturales'. Explica lo inferior por lo superior, la Materia por el Espíritu, en vez de *vice versa*, y de ese modo alcanza una explicación plausible en vez de una absurda. Y es una explicación cuya posibilidad puede perjudicar al materialismo. Ya que si, por ejemplo, un hombre pierde la conciencia en cuanto su cerebro se lesiona, está claro que es una explicación tan buena decir que la lesión del cerebro ha destruido el mecanismo que hacía posible la manifestación de la conciencia, como decir que ha destruido el asiento de la conciencia. Por otra parte, hay hechos a los que esta teoría se adapta mucho mejor. Si, por ejemplo, como sucede a veces, el hombre, tras un tiempo, recupera en mayor o menor medida las facultades que la lesión del cerebro le había restado, y no debido a una recuperación de la zona lesionada sino debido a que otras zonas desempeñan de forma vicaria las funciones inhibidas, la explicación más fácil es que, tras un tiempo, la conciencia constituye a las zonas restantes en un mecanismo capaz de actuar como sustituto de las zonas perdidas. Y además, si el cuerpo es un mecanismo para inhibir la conciencia, para prevenir que los poderes del Ego se desarrollen prematuramente, también será necesario invertir nuestras ideas habituales sobre el tema de la memoria y explicar el olvido en vez de la memoria. Durante la vida bebemos la amarga copa de Leto y con nuestro cerebro conseguimos olvidar. Y esto servirá para explicar no sólo los extraordinarios recuerdos de los que están ahogándose o muriéndose de cualquier otra forma sino también las curiosas insinuaciones que ocasionalmente nos proporciona la psicología experimental de que nada se olvida completamente sin que pueda volver a recordarse». [*Riddles of the Sphinx* (Los enigmas de la esfinge), Londres, Swan Sonnenschein, 1891, pp. 293 y ss.].

La teoría del señor Schiller es mucho más compleja que la sencilla 'teoría de la transmisión' postulada en mi conferencia y para hacerle justicia el lector debería consultar la obra original.

NOTA 10

RUEGO al lector que lea detenidamente el magnífico ensayo de R. L. Stevenson titulado *The Lantern Bearers* [Los que llevan el fanal] reimpreso en la colección titulada *Across the Plains* [A través de las llanuras]. La verdad es que estamos condenados por el hecho de que somos seres prácticos con tareas muy limitadas que atender e ideales específicos que perseguir, absolutamente ciegos e insensibles a los sentimientos internos y a toda la significación interna de otras vidas que no sean las nuestras. Nuestra opinión del valor de tales vidas no ha de tenerse en cuenta en absoluto pues es totalmente errónea e inadecuada.

NOTA 11

W. Wundt: *System der Philosophie* [Sistema de filosofía], Leipzig, Engelmann, 1889, p. 315.

ÍNDICE

PRÓLOGO

LA INMORTALIDAD HUMANA

NOTAS

La inmortalidad humana
DE WILLIAM JAMES
SE TERMINÓ DE IMPRIMIR
EL I DE OCTUBRE DE 2025